Vor- und Mitlesebuch

Liebe Mütter, liebe Väter, liebe Omas,
liebe Opas, liebe Tanten, liebe Onkel,
liebe Lehrerinnen und Lehrer!

Durch das Vorlesen von Büchern weckt man die Neugierde
auf das Lesen. Kinder beginnen relativ rasch mit dem
sogenannten „Als-ob"-Vorlesen. Sie nehmen ein Bilderbuch
in die Hand und erzählen eine Geschichte einerseits anhand
der Bilder nach, andererseits aus ihrer Erinnerung.
Diesen Enthusiasmus und diese Freude an Büchern
gilt es nun beim Lesenlernen zu erhalten.
Die Herausforderung für Erwachsene dabei ist die richtige
Auswahl der Bücher.

Bilder unterstützen das Erstlesen. Sie motivieren Kinder zu lesen
und zu interpretieren. Das Vor- und Mitlesebuch aus der
G&G-Lesezugreihe ist so gestaltet, dass schwierige Wörter und
ganze Satzteile durch Bilder ersetzt werden. Die Bilder verlocken
Kinder zum Lesen. Durch das Ersetzen ganzer Satzteile können
Kinder, die schon selbst lesen wollen, auch einen eigenen Text
erfinden, der in jedem Fall zur Geschichte passt.

Viel Freude beim Vorlesen und Finden eigener Geschichten!

Ihr G&G Verlag
Lesepädagogisches
Lektorat

Inhalt

Das Problem

Ritter Bodo ist grantig.

Er hat schlecht  .

Die ganze  hat er nur gegrübelt.

Nicht einmal das Frühstück schmeckt ihm.

Dabei gibt es heute seine Lieblingsspeise:

 und  !

„Was ist denn los mit dir?", fragt sein

Knappe Kilian.

„Hat dich unser neuer geärgert?"

4

„Nein, Anatol doch nicht!"

Bodo seufzt: „Es ist das Turnier, das bald

auf unserer  stattfindet."

„Was ist damit? Ist deine  rostig,

hat dein  ein Loch oder ist deine

 abgebrochen? Oh, Bodo, sag

nicht, du hast Angst!"

Bodo knabbert an einem 🍪 .

„Angst habe ich nicht. Aber so dick,

wie ich über den Winter geworden bin,

komme ich bestimmt auf kein 🐴 ",

sagt er leise und wird 🧑 .

„Dann nimm doch ab! So wirst du auch

viel beweglicher!"

„Frechdachs!", schimpft Bodo und schiebt

sein  dem hungrigen hin.

Kilian hat leicht reden.

Er ist fadendünn und sowieso zehnmal

gelenkiger als Bodo.

„Das wird schon. Ich helfe dir!", sagt Kilian.

blinzelt Bodo treuherzig an.

Bodo ist trotzdem traurig und stopft

seufzend alle

in sich hinein.

Der magische Leicht-mach-Spruch

„Ich habe ein , auf das du bestimmt

hinaufkommst. Vertrau mir einfach!", sagt

Kilian und zieht Bodo mit sich in den ![].

![] fliegt neugierig hinterher.

„Die ![] sind alle viel zu groß,

da komme ich nie hinauf!", jammert Bodo.

„Abwarten", sagt Kilian und führt ihn um

die ![] herum.

Dort steht ein Pony! Bodo strahlt.

„Das geht mir ja nur bis zur 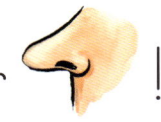 !"

 nickt heftig.

„Das ist Bella", sagt Kilian.

Gemeinsam gehen sie hinaus auf die

. Kilian führt Bella zu einem .

„Traraaa! Und das ist deine Steighilfe."

Bodo steckt einen in den .

Dann steigt er auf den und hält

sich mit beiden Händen am fest.

Als er will, schreit Kilian:

„Halt! Zuerst musst du den magischen

Leicht-mach-Spruch sagen."

Bodo schüttelt den .

Was soll das denn?

Aber Kilian lässt nicht locker und flüstert

Bodo den Spruch ins  .

„Schwachsinn! Das sage ich auf gar

keinen Fall!", ruft Bodo.

„Aber nur so wird es klappen!"

Bodo verdreht die und sagt:

„Wie Gänsefeder, Wolkenmeer,

plötzlich bin ich gar nicht schwer!"

Vorsichtig schwingt er sich auf das Pony.

Kaum sitzt er im , beginnt Bella

zu schwanken.

Plötzlich rutschen ihr die weg.

Pony und Reiter liegen auf dem Boden.

Ein neuer Versuch

Am Abend kuschelt Bodo sich in

seine  .

Im Traum will er auf

umherfliegen.

Aber schon beim Start fängt  an

zu keuchen.

Mit dem dicken Bodo auf dem Rücken

kann er kaum zwei Meter von der

 abheben.

Er hat Mühe, sich in der Luft zu halten.

Am  krachen sie in

ein  .

„Hilfeee!", schreit Bodo und schlägt um sich.

„Wach auf, Bodo!", ruft Kilian und

schüttelt den , bis er zu sich kommt.

„Ich muss abnehmen", stammelt Bodo.

„Stimmt genau! Aber für heute habe ich

ein , auf dem du ganz bestimmt

reiten kannst", sagt Kilian.

„Und zum Aufsteigen nehmen wir

einfach einen höheren und

einen neuen Zauberspruch! Komm mit!"

Draußen wartet

schon der megastarke Vitus.

Misstrauisch klettert Bodo auf den

 und sagt den neuen

Leicht-mach-Spruch:

„Leicht wie ein trockenes  im Wind,

schweb' in den  ich geschwind!"

Kaum sitzt er auf dem ,

bockt Vitus und steigt hoch.

Der  ist ihm doch zu schwer.

„Siehst du, ich habe ja gewusst,

dass das nicht klappt, und dein

Leicht-mach-Spruch nützt auch nichts!",

schimpft Bodo.

Kilian ruft  zu Hilfe.

Gemeinsam ziehen sie Bodo vom .

Vitus trabt erleichtert davon.

„Hmm, du bist echt zu schwer",

brummelt Kilian.

Bodo nimmt den ab und will aus

seinen eisernen und der

schlüpfen.

„Das hilft nicht", meint Kilian.

„Beim musst du deine

ja auch tragen."

„Dann muss ich wohl abnehmen",

seufzt Bodo.

Der Bauch muss weg

„Wie nimmt man bloß ab, Kilian?"

Bodo betrachtet sich ratlos im  .

„  statt  essen und mehr

Bewegung machen", meint der Knappe.

„Ach du meine Güte!" Bodo stöhnt.

„Ob ich das in der kurzen Zeit noch

schaffen kann ..."

„Aber klar kannst du!" Kilian nickt ihm

aufmunternd zu.

Er zieht Bodo mit sich in den  .

 fliegt neugierig hinterdrein.

Kilian pflückt einen 🍏 und hält ihn

Bodo vor die 👃 .

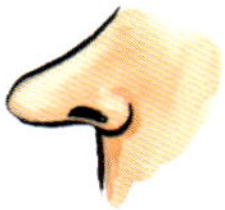

„Was soll ich denn damit?", fragt der 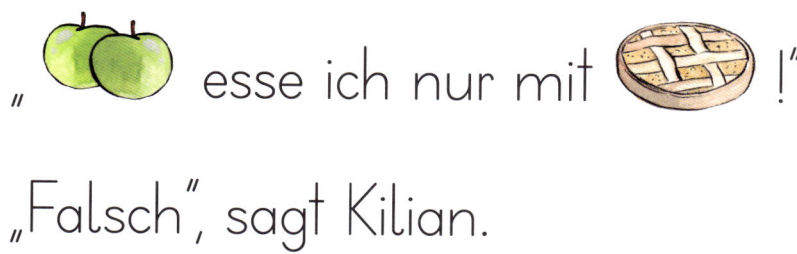 .

„ 🍏🍏 esse ich nur mit 🥧 !"

„Falsch", sagt Kilian.

„Ab jetzt isst du 🍏🍏 nur ohne 🥧 !
Und damit du auch wirklich bis zum

🐴🐴 abnimmst, üben wir ab jetzt

jeden Tag Bogenschießen, Lanzenstoßen,

Fahnenschwingen – einfach alles!

Wenn du wirklich willst, klappt es auch!"

Zum Frühstück macht Kilian für Bodo ein

.

Er gießt ordentlich viel darüber.

Bodo probiert vorsichtig.

„Oha, das schmeckt ja richtig gut!",

ruft er begeistert.

Im Nu ist die leer und Bodo ist

herrlich satt.

An die und die denkt er

nicht einmal.

„Jetzt beginnen wir mit unserem

Schwitz-den-Speck-weg-Training!",

ruft Kilian.

„Und Anatol kommt mit. Er fliegt vor uns

her, und wir stellen uns vor, wir müssen

mit  und ein jagen!"

„Ja, das wird spannend!", ruft Bodo.

„Die Rennerei ist aber ganz schön

anstrengend", schnauft er wenig später.

„Dafür hast du morgen bestimmt ein

paar  weniger", tröstet ihn Kilian.

Alles wird gut

Der Tag des ![Ritterturnier] rückt immer näher.

Von Bodos ![Rüstung] ist kaum noch etwas zu

sehen.

Er hat fleißig trainiert und statt zu

naschen nur noch ![Gemüse und Obst] gegessen.

Und es hat ihm sogar Spaß gemacht.

„Komm, Kilian!" ruft er.

„Wir üben noch einmal mit dem .

Ich bin ja schon so aufgeregt!

Glaubst du, dass ich es wirklich schaffe?"

„Natürlich", sagt Kilian ernst.

„Du hast hart dafür gearbeitet!"

Sie gehen zu den .

Geschickt schwingt sich Bodo

in den .

Den Leicht-mach-Spruch braucht er

jetzt nicht mehr.

Der megastarke Vitus wiehert fröhlich.

Nun ist Bodo für ihn ein Fliegengewicht.

Dann ist es endlich so weit:

Das große  findet statt!

Auf dem Turnierplatz der  wehen

die bunten  mit den Wappen aller

Burgherren im Wind.

Vom  ertönt die Fanfare.

Gleich zu Beginn sind Bodo und sein

Gegner an der Reihe. Bodo reitet mit

Vitus an den Startplatz.

Er schließt das Visier seines  und

hält sein  dicht an den Oberkörper.

Mit der anderen Hand packt er die   .

„Konzentrier dich!", ruft Kilian ihm nach.

„Du schaffst das!"

Bodo nickt und Vitus zuckt nervös mit

den   .

Atemlos verfolgen Kilian und

zusammen mit den   den

Zweikampf.

Die  stürmen auf ihren

aufeinander zu.

Dann hebt Bodo die  und stößt

den anderen  vom  !

Die  jubeln!

und Kilian sind mächtig stolz auf

Bodo – und Bodo auch auf sich selbst.

Ritterturnier
Kannst du die fehlenden Buchstaben ergänzen?

R__stu__g

T__ r__ ier

Ri__ __er

Pf__r__e

Sa__ __el

La__ __e

Sch__ l__

B__rg

Fehlersuchbild

Auf dem unteren Bild haben sich 5 Fehler eingeschlichen. Kannst du sie finden?

Wer ist wer?
Verbinde richtig!

Anatol

Kilian

Bodo

Vitus

Bella

Zeichne!

Bodo träumt davon, auf Anatol umherzufliegen. Wovon träumst du?

Der G&G-Lesezug

Alle Lesezug-Bücher sowie Begleitmaterial finden Sie unter
www.lesezug.at

- Lesezug-Malhefte zum Schreibenlernen
- Lesezug-Rätsel zum Lesenlernen
- Lesezug Lese-Minis

ISBN 978-3-7074-1656-5
1. Klasse, ab 5/6 Jahren

ISBN 978-3-7074-1486-8
1. Klasse, ab 5/6 Jahren

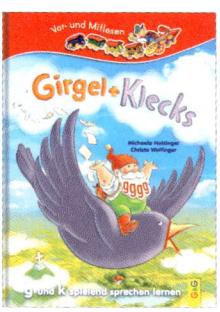

ISBN 978-3-7074-1606-0
1. Klasse, ab 5/6 Jahren

ISBN 978-3-7074-0386-2
1. Klasse, ab 5/6 Jahren

ISBN 978-3-7074-1052-5
1. Klasse, ab 5/6 Jahren

ISBN 978-3-7074-1132-4
1. Klasse, ab 5/6 Jahren

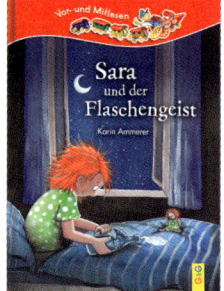

ISBN 978-3-7074-1281-9
1. Klasse, ab 5/6 Jahren

ISBN 978-3-7074-1386-1
1. Klasse, ab 5/6 Jahren

ISBN 978-3-7074-0337-4
1. Klasse, ab 5/6 Jahren

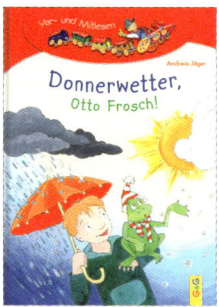

ISBN 978-3-7074-1097-6
1. Klasse, ab 5/6 Jahren

ISBN 978-3-7074-0338-1
1. Klasse, ab 5/6 Jahren

ISBN 978-3-7074-1576-6
1. Klasse, ab 5/6 Jahren

ISBN 978-3-7074-1658-9
1. Klasse, ab 5/6 Jahren

ISBN 978-3-7074-1659-6
1. Klasse, ab 5/6 Jahren

ISBN 978-3-7074-0342-8
1. Klasse, ab 5/6 Jahren

ISBN 978-3-7074-1487-5
1. Klasse, ab 5/6 Jahren

ISBN 978-3-7074-1605-3
1. Klasse, ab 5/6 Jahren

ISBN 978-3-7074-1133-1
1. Klasse, ab 5/6 Jahren

ISBN 978-3-7074-1180-5
1. Klasse, ab 5/6 Jahren

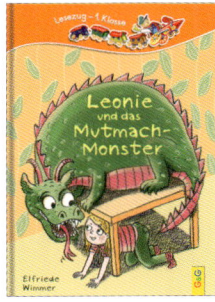
ISBN 978-3-7074-1338-0
1. Klasse, ab 5/6 Jahren

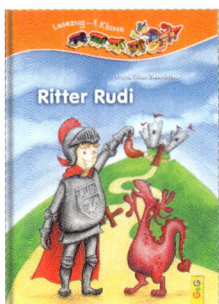
ISBN 978-3-7074-0341-1
1. Klasse, ab 5/6 Jahren

ISBN 978-3-7074-0340-4
1. Klasse, ab 5/6 Jahren

ISBN 978-3-7074-0339-8
1. Klasse, ab 5/6 Jahren

ISBN 978-3-7074-0403-6
1. Klasse, ab 5/6 Jahren

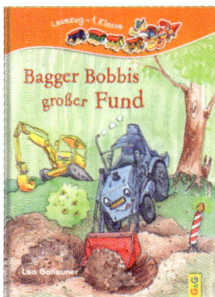
ISBN 978-3-7074-1384-7
1. Klasse, ab 5/6 Jahren

ISBN 978-3-7074-1230-7
1. Klasse, ab 5/6 Jahren

ISBN 978-3-7074-1443-1
1. Klasse, ab 5/6 Jahren

ISBN 978-3-7074-0392-3
1. Klasse, ab 5/6 Jahren